Bibliografische Information der Deutschen Nationalbibliothek:

Die Deutsche Bibliothek verzeichnet diese Publikation in der Deutschen National-
bibliografie; detaillierte bibliografische Daten sind im Internet über http://dnb.d-
nb.de/ abrufbar.

Impressum:

Copyright © 2014 GRIN Verlag, Open Publishing GmbH
Druck und Bindung: Books on Demand GmbH, Norderstedt Germany
ISBN: 9783668237117

Dieses Buch bei GRIN:

http://www.grin.com/de/e-book/333991/der-qualitaetsbegriff-im-requirements-
und-software-engineering

Stefan Strell

Der Qualitätsbegriff im Requirements und Software Engineering

GRIN Verlag

GRIN - Your knowledge has value

Der GRIN Verlag publiziert seit 1998 wissenschaftliche Arbeiten von Studenten, Hochschullehrern und anderen Akademikern als eBook und gedrucktes Buch. Die Verlagswebsite www.grin.com ist die ideale Plattform zur Veröffentlichung von Hausarbeiten, Abschlussarbeiten, wissenschaftlichen Aufsätzen, Dissertationen und Fachbüchern.

Besuchen Sie uns im Internet:

http://www.grin.com/

http://www.facebook.com/grincom

http://www.twitter.com/grin_com

Inhalt

Der Qualitätsbegriff im Requirements und Software Engineering

Stefan Leonhard Strell, B. Sc.

Abstract: Um die Qualität von Software zu klassifizieren und zu messen sind nicht nur das Softwareprodukt selbst, sondern auch dessen funktionale und nicht-funktionale Anforderungen nötig. Das Ziel, eine exakte und eindeutige Definition von Software Qualität zu erhalten, ist nach heutigem Stand der Forschung nicht möglich, da u.a. nach [HO13] nicht „*das* eine Kriterium, mit dem sich Software-Qualität in direkter Weise und vor allem quantitativ verbinden lässt", gibt. Diese Seminararbeit behandelt die Qualität im Rahmen von Requirements und Software Engineering. Das bedeutet die Qualität muss einerseits im Aspekt der Anforderungsanalyse und andererseits für das konkrete Softwareprojekt selbst analysiert werden. Dazu werden im Rahmen des Requirements Engineering funktionale und nicht-funktionale Anforderungen beleuchtet. Ziel dieser Arbeit ist es, einen aktuellen Forschungsstand im Rahmen der Qualität von Requirements & Software Engineering aufzuzeigen.

1 Einleitung

1.1 Motivation

Über die Qualität im Software Engineering wird seit der Softwarekrise vor über 50 Jahren immer wieder nicht nur in Expertenrunden diskutiert. Anders als in anderen Sparten, wie z. B im Maschinenbau oder der Architektur, wo es standardisierte und allgemeingültige Definitionen für Qualität gibt, ist diese im Requirements und Software Engineering nur zum Teil definiert. Eine explizite und eindeutige Definition des Terminus Qualität ist in den Softwareentwicklungssparten jedoch bislang noch nicht erreicht worden. Dies folgt zum einen durch die Unterschiedlichkeit der Software-Anwendungen und zum anderen durch die unterschiedlichen Sichtweisen der Beteiligten. Ein weiterer Aspekt ist, dass viele Anforderungen erst nach dem eigentlichen Entwicklungszyklus definiert und gemessen werden können, da diese zuvor kaum messbar erscheinen, bzw. noch nicht vorhanden sind.

In den meisten Fällen wird auf die Verbesserung der Softwareprodukte und des aktuellen Stands der Technik wertgelegt. Dies bedeutet zwar auch, die Qualität zu verbessern,

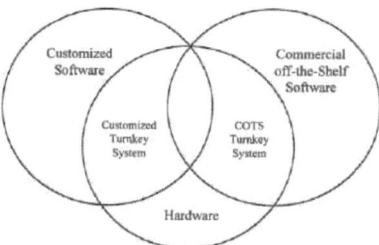

Abbildung 1: Einordnung von Software (aus [HO00], Figure 1)

allerdings ist es schwierig, etwas zu verbessern, das nicht, bzw. nicht einheitlich, definiert ist.

Dass der Begriff Software Qualität letztendlich nicht nur mit den Anforderungen an eine Anwendung zu tun hat, wird auch in [KP96] aus dem Jahr 1996 deutlich. Hier werden verschiedene Sichtweisen auf Qualität von Software und auch einige Metriken und Modelle aufgezeigt, die sich mit Messbarkeit von Qualität beschäftigen. [CP09] beschäftigt sich in ähnlicher Weise mit den nichtfunktionalen Anforderungen an Software. Hierbei werden jene, in Anforderungsanalysen und zum Projektstart nicht direkt messbare, Qualitätsanforderungen angesprochen und verschiedene Modelle und Schemen zur Vergleichbarkeit und Verbesserung angeboten. Hierbei werden aktuell bestehende Repräsentationen der non-functional Requirements (NFRs) erläutert und Konzepte und Szenarien für diese „Softgoals" für künftige Anwendungen verfügbar gemacht.

Dadurch wird deutlich, wie schwierig es ist Qualität, vor allem von nicht sichtbaren Eigenschaften, exakt zu beschreiben. Heinrich C. Mayr hat dazu 1995 einige Thesen gesammelt und diese zur Diskussion gestellt (vgl. [MA95]). In den Büchern von Wallmüller [WA01] und Hoffmann [HO13] werden diese Themen aufs Neue aufgegriffen und im aktuellen Bezug gesetzt. Dass die Begriffe Qualität im Software und Requirements Engineering unterschiedlich definiert werden ist nicht neu. Um einen Überblick über diese Definitionen zu finden wurde folgende Forschungsfrage definiert:

RQ: Wie ist Qualität in Requirements und Software Engineering definiert und wie wird diese eingesetzt?

Dieser Überblick wird allerdings durch die Vielzahl an unterschiedlichen Formulierungen auf einige Standards und den bekanntesten Vertretern reduziert. Zunächst jedoch sollte der Begriff „Software" geklärt werden. Der IEEE Standard 610.12 definiert Software als Computerprogramme, Prozeduren, Regeln, und alle assoziierten Dokumentationen und Daten betreffend ihrer Operationen (vgl. [HO00], S. 3). In Bezug auf Hardware und - Komponenten unterstützt Abbildung 1 aus [HO00] die Einordnung von Software.

1.2 Aufbau der Arbeit

Im nächsten Kapitel werden zunächst die allgemeinen Definitionen, die es bisher zum Thema Requirements Engineering und Software Qualität definiert wurden, wiedergegeben. Zudem werden einige z.T. zeitlose Zitate und Fragen über Software Qualität und die Probleme die sich daraus ergeben thematisiert.

Im anschließenden Kapitel werden beide Begriffe kombiniert um einen detaillierteren Einblick zu geben und ein Versuch gestartet anhand der aktuell bestehenden Definitionen einen genaueren Begriff dafür zu finden. Den Abschluss bilden eine Zusammenfassung und ein Ausblick auf mögliche zukünftige Herangehensweisen um den Begriff Qualität im Software und Requirements Engineering besser verankern zu können.

2 Definitionen der Begriffe Software Qualität & Requirements Engineering

In diesem Kapitel werden die unterschiedlichen Definitionen von Software Qualität und die Definition des Begriffs Requirements Engineering näher behandelt. Hierzu wird vor allem beim Requirements Engineering der Fokus auf die Teilaspekte der Anforderungen, den sog. functional und non-functional Requirements, eingegangen.

Dass Software Engineering und Requirements Engineering zusammengehören zeigt Hofmann in seinem Werk [HO00]. Hier heißt es: Das wissenschaftliche Gebiet, das mit Methoden, technischer Ausführung und Werkzeuge zur Entwicklung von Qualitätssoftware, heißt Software Engineering. Im IEEE Standard 610.12 von 1990 wird Software Engineering mit den folgenden Punkten definiert:

(1) Die Anwendung eines systematischen, disziplinierten, quantitativ bestimmbaren Ansatzes zu der Entwicklung, Ausführung und Wartung von Software; dies ist angewandte Software Engineering.
(2) Die Studien der Ansätze wie in (1).
     (vgl. [HO00], S. 16)

2.1 Software Qualität

Wie eingangs beschrieben gibt es für den Terminus Software Qualität keine eindeutige und überall gültige Definition. Die Qualität von Software-Systemen wird, wie in [KP96] beschrieben, je nach Sichtweise und Verwendung immer wieder neu definiert. Denn ein Benutzer hat in der Regel andere Vorstellungen von Qualität wie ein Entwickler oder Projektmanager.

In der ISO/IEC 9126 wird deshalb die Qualität von Software eher allgemein gültig in folgendem Satz definiert: *„Software Qualität ist die Gesamtheit der Merkmale und*

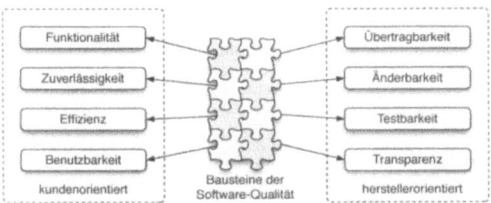

Abbildung 2: Qualitätsmerkmale nach Hofmann (aus [HO13])

Merkmalswerte eines Software-Produkts, die sich auf dessen Eignung beziehen, festgelegte Erfordernisse zu erfüllen " ([HO13], vgl. [ISO01]).

Wallmüller und Hoffmann bieten in ihren Werken ([WA01, HO13]) ebenfalls unterschiedliche Sichtweisen auf die Qualität der Software an. So wird in [WA01] das Qualitätsmanagement in der Softwareentwicklung hervorgehoben, wohingegen in [HO13] die Software-Qualität direkt angesprochen wird. Hoffmann betont in seinem Werk außerdem, dass *„nicht das eine Kriterium"* gibt, *„mit dem sich Software Qualität in direkter Weise [...] verbinden lässt"*. „Vielmehr verbergen sich hinter dem Begriff vielschichtige Kriterien, von denen sich einige […] gegenseitig ausschließen" [HO13]. Dies bezieht sich in weiterer Sicht auf die funktionalen und nicht-funktionalen Anforderungen, wie Abbildung 2 zeigt. Wallmüller hingegen stützt sich auf den Lifecycle-Prozess, der im ISO/IEC-Standard vorgegeben ist (vgl. [WA01]). Auch Cadle und Yates zielen in ihrem Werk [CY08] wie auch Hoffmann und Wallmüller auf die allgemeinere Sichtweise von Software Qualität ab. Cadle und Yates beschreiben allerdings die Perspektive eines Projektmanagers oder -leiters in einem Softwareentwicklungsprojekts, wohingegen Hoffmann und Wallmüller als Zielgruppe die Softwareentwickler und IT-Experten ansprechen. In [CY08] werden mehrere Definitionen für Qualität wiedergegeben, die hier ins Deutsche übersetzt aufgezeigt werden:

- „Grad der Exzellenz einer Sache"
- „Das Produkt oder der Service macht genau das, was der Kunde spezifiziert hat."
- „Die Gesamtheit der Features und Charakteristiken eines Produkts oder Service, die die Fähigkeit haben implizite oder explizite Bedürfnisse zu erfüllen." (ISO 8402:1991)

Die beiden Autoren schreiben ebenso, dass auch der ISO-Standard nicht genau festlegt, was Qualität im Software Engineering bedeutet. Vor allem aber die beiden anderen Definitionen sind sehr ungenau und lassen Raum für Interpretationen (vgl. [CY08]). Weitere Ansätze um Software-Qualität zu definieren greift Wallmüller in [WA01] auf und stützt sich dabei auf [GA84]:

W1) Der „transzendente" Ansatz
Qualität ist universell erkennbar und ein Synonym für kompromisslos hohe Standards und Ansprüche an die Funktionsweise eines Produkts.

4

W2) Der produktbezogene Ansatz
Qualität ist präzise messbar. Qualitätsdifferenzen spiegeln Unterschiede in der vorhandenen, beobachtbaren Quantität bestimmter Eigenschaftsausprägungen wider, die in einem Produkt festgestellt werden können. Daraus ergaben sich Merkmalsmodelle, wie jenes von McCall 1977, das ebenfalls in [KP96] erläutert wird und als Basis für den Software Quality Tree und dem Modell im ISO/IEC 9126-Standard dient.

W3) Der anwenderbezogene Ansatz
Hier wird die Qualität durch den Produktbenutzer festgelegt und weniger durch das Produkt selbst. Danach haben verschiedene Benutzer unterschiedliche Wünsche und Bedürfnisse, und diejenigen Produkte, die diese Bedürfnisse am besten befriedigen, werden als qualitativ hochwertig angesehen.

W4) Der prozessbezogene Ansatz
In diesem Ansatz wird die Qualität mit der Einhaltung von Spezifikationen gleichgesetzt. Dies geht einher mit der Idealvorstellung, eine Tätigkeit zur Produkterstellung gleich das erste Mal richtig auszuführen. Man findet diese Vorstellung auch in der heutigen Wirtschaft und Industrie. Dabei steht der Produktionsprozess im Mittelpunkt, der kontrolliert wird, um Ausschuss- und Nachbearbeitungskosten zu verringern.

W5) Der Preis-Nutzen-bezogene Ansatz
Hier wird ein Bezug zwischen Preis und Qualität hergestellt. Ein Qualitätsprodukt ist in dieser Denkweise ein Erzeugnis, das einen bestimmten Nutzen zu einem akzeptablen Preis oder eine Übereinstimmung mit Spezifikationen zu akzeptablen Kosten erbringt.
(vgl. [WA01])

Diese Ansätze versuchen nach Wallmüller den Begriff Qualität durch Umschreibung zu verdeutlichen (vgl. [WA01]). Eine weitere Definition hier ist die Norm ISO 8402, in der es heißt: *„Qualität ist die Gesamtheit von Merkmalen einer Einheit bezüglich ihrer Eignung, festgelegte und vorausgesetzte Erfordernisse zu erfüllen."* ([WA01], S. 12)

In [WA01] wird außerdem noch die IEEE-Norm für Software-Qualität (IEEE Std 729-1983) thematisiert. In Teilen ist dieser identisch zur ISO-Norm 8402:1991. Diese *„hebt die Erwartungen der Kunden hervor:*

Software quality:

(1) The totality of features and characteristics of a software product that bear on ist ability to satisfy given needs; for example, conform to specifications.
(2) The degree to which software possesses a desired combination of attributes.
(3) The degree to which a customer or user perceives that software meets his or her composite expectations.
(4) The composite characteristics of software that determine the degree to which the software in use will meet the expectations of the customer"
([WA01], S. 12-13).

Aus allen bisher genannten Definitionen lassen sich allerdings für ein konkretes Projekt kaum messbare Eigenschaften für die Qualität direkt herauslesen. Nach Kitchenham und Pfleeger kommt es außerdem noch auf die Sichtweise des jeweiligen Akteurs an, was Qualität bedeutet (vgl. [KP96]). Um zu einer genaueren Definition zu kommen, wie Qualität in einem Softwaresystem auszusehen hat, benötigt man zunächst die funktionalen Anforderungen, aus denen sich dann zumeist auch Vorgaben in Richtung der nicht-funktionalen Charakteristiken ergeben.

In der Praxis bedeutet das, dass man keine einheitlichen Standards für messbare Software Qualität haben kann, denn je nach Zeit- und Kostenrahmen können mehr oder weniger Qualitätsvorgaben eingehalten werden. So können beispielsweise kritische Softwaresysteme wie Flugzeug-Software genauere Qualitätsvorgaben haben, als eine klassische Anwendersoftware wie Tabellenkalkulationen. Aus diesen Gründen können sich messbare Qualitätsmetriken allenfalls für spezifische Software-Typen klassifizieren lassen. Dies ist z. B. der Fall, wenn man ähnlich große Softwareprojekte in ähnlicher Zeit mit ähnlichen Vorgaben oder kritische Systeme einer ähnlichen Kategorie hat.

Diese Ansichten wurden von Mayr 1995 in [MA95] bereits zusammengefasst und mit einigen Thesen belegt. So wird in diesem Artikel bemängelt, dass es beispielsweise keinen „Stand" gibt, wodurch nicht mit Standesregeln und Standesbewusstsein Qualitätskriterien definiert werden können (vgl. [MA95]). Das bedeutet, *„in kaum einer anderen Disziplin ist man derart bereit, alles Machbare auch tatsächlich zu machen, als in der Informatik"* [MA95]. Mayr beschreibt diese Tatsache mit ein Gegenbeispiel aus einem klassischen Ingenieursbereich: *„eine Automobilingenieurin wird auch nicht einen Fernsehapparat in das Armaturenbrett eines Autos einbauen, nur weil ein Käufer dies möchte"* [MA95]. Zum damaligen Zeitpunkt war diese These natürlich vertretbar, auch wenn sich der Sachverhalt bis zum heutigen Zeitpunkt verändert hat und dies im aktuellen Kontext nicht mehr gilt. Neuere Automobile können bereits mit diversen Medien, u.a. auch Fernsehgeräte, ausgestattet werden. Auf die heutige Zeit projiziert würde ein solches Gegenbeispiel lauten: Ein Automobilingenieur wird nicht ein KFZ für den öffentlichen Verkehr mit der Motorisierung eines Formel 1-Autos ausstatten, auch wenn dies der Kunde möchte.

Die These, *„Softwareentwicklung als reine Ingenieursdisziplin zu sehen, deckt höchstens deren konstruktiven Aspekt ab: Softwareentwicklung ist zu einem beträchtlichen Teil aber auch eine Produktionsdisziplin"* [MA95] ist allerdings nach wie vor gültig. Denn zum einen wird in der Softwareentwicklung ein konkretes Produkt erstellt, das bestimmten Qualitätskriterien entsprechen muss. Zum anderen sind in der Softwareentwicklung auch weitere nicht direkt dem Softwareprodukt zuordenbare Leistungen notwendig, wie z. B. eine Anforderungsanalyse.

Wallmüller bemerkt in [WA01], dass nach Boehm 1978 drei Fragen zur Problematik der Bestimmung der Qualität gestellt wurden:

1. Problem der Definition von Software Qualität
    Ist es überhaupt möglich, Definitionen der Eigenschaften und Merkmale eines Software-Produkts aufzustellen, die messbar sind und sich nicht überschneiden?

2. Problem der Qualitätsprüfung
   Wie gut kann man die Qualität eines Software-Produkts bzw. die Eigenschaften und Merkmale messen, welche die Qualität des Software-Produkts bestimmen?
3. Problem der Qualitätslenkung
   Wie kann man Informationen über die Qualität des Produkts zur Verbesserung des Produkts im Lifecycle verwenden?
   ([WA01], S. 13)

Antworten auf die Frage zu 1. zu finden gestaltet sich durchaus als schwierig, denn jedes Software-Projekt für sich gesehen, hat eigene Qualitätsmerkmale und dadurch auch verschiedene Eigenschaften und Metriken. Außerdem können nicht alle Eigenschaften einer Software atomar dargestellt werden, d.h. es gibt gewisse Abhängigkeiten und Beziehungen untereinander.

Auf die Fragen zu 2. und 3. wird durch Forschungen und auch mit Hilfe von Projektmanagement eine Antwort gesucht. Als Beispiel ist hier das Forschungsprojekt QuASE[1] an der Alpen-Adria-Universität zu nennen, welches sich mit dieser Thematik beschäftigt.

Grady Booch beschrieb die Schwierigkeit der Software Qualität mit folgenden Worten:

„Der Softwareentwicklungs-Amateur ist immer auf der Suche nach Wundern, sensationellen Methoden oder Werkzeugen, deren Anwendungen versprechen, Softwareentwicklung trivial zu machen. Der professionelle Softwareentwickler weiß, dass ein solches Patentrezept nicht existiert. "[2] (aus [BD04], S. 25)

Dieses Zitat deckt sich mit Mayrs Thesen in [MA95]. Boochs Zitat, Mayrs Thesen und die vorherigen Fragen, Standards und Definitionen, zeigen auch die Schwierigkeit einer einheitlichen Sprache zwischen den Akteuren in einem Softwareentwicklungsprozess. Aus diesem und den vorhin genannten Gründen gibt es keine einheitliche Definition des Terminus „Software Qualität".

2.2 Requirements Engineering

Das Requirements Engineering befasst sich mit den Anforderungen an Software-Systemen. In [HO00] wird als Definition der IEEE Standard 610.12 von 1990 als Basis verwendet. Darin heißt es, Requirements Engineering ist (1) der Prozess des Untersuchens, was der Benutzer benötigt um eine Definition von Anforderungen; und (2) der Prozess des Untersuchens und Verfeinerns dieser Anforderungen (vgl. [HO00], S. 16). Hierbei gibt es u.a. nach Chung und do Prado Leite funktionale und nicht-funktionale Anforderungen (vgl. [CP09]). Hofmann nennt in [HO00] als Definition von Requirements

---

[1] QuASE Info-Seite: http://quase-ainf.aau.at
[2] Grady Booch, in Object-Oriented Analysis and Design

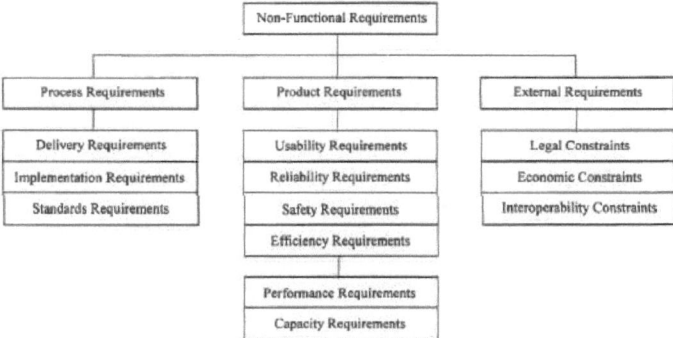

Abbildung 3: Non-Functional Requirements (aus [HO00], Figure 2)

den IEEE Standard 610.12 aus dem Jahr 1990. Demnach ist eine Anforderung wie folgt definiert:

(1) Bedingung oder Fähigkeit, die von einem Benutzer benötigt wird um ein Problem zu lösen oder ein Ziel zu erreichen;

(2) Bedingung oder Fähigkeit, die von einem System oder einer –komponente eingehalten oder aufgewiesen werden muss um einen Vertrag, einen Standard, eine Spezifikation oder ein anderes formal auferlegtes Dokument zu erfüllen;

(3) dokumentierte Repräsentation einer Bedingung oder Fähigkeit wie in (1) oder (2) dargestellt.

(vgl. [HO00], S. 5)

Zu den funktionalen Charakteristiken gehört die spezifische Funktionalität der Anwendung, also was die Software später können soll. Die formale Definition von funktionalen Anforderungen ist nach [HO00] im IEEE Standard 610.12 von 1990 manifestiert und soll die Frage „Was soll die Software tun?" beantworten können. Hierzu gibt es nach [HO00] den „Data Viewpoint", den „Functional Viewpoint" und den „Behavioral Viewpoint", die funktionale Anforderungen nach der Sichtweise repräsentieren.

Wichtiger allerdings sind zumeist die nicht-funktionalen Requirements (NFR), wie Sicherheit, Flexibilität, Usability, Performance und Interoperabilität (vgl. [CP09]). Laut Definition von Chung et al. und Glinz sind NFRs „ein Attribut oder eine Bedingung an ein System" [CP09, GL07]. Nach [HO00] stammen NFRs aus Organisationsrichtlinien, Budget-Einschränkungen, standardisierten Prozessen und externen Faktoren, wie Sicherheitsregulationen (vgl. [HO00]). Diese nicht-funktionalen Eigenschaften werden wie in Abbildung 3 klassifiziert.

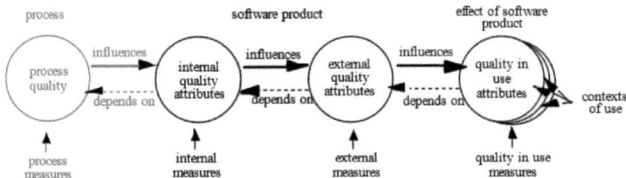

Abbildung 4: Qualität im Software-Lifecycle (aus [ISO01])

Nach der ISO/IEC 9126 gibt es vier verschiedene Qualitätstypen, in denen die funktionalen und nicht-funktionalen Anforderungen eine Rolle spielen:

- Prozessqualität (process quality)
  bezieht sich auf die Qualität des Softwareentwicklungsprozesses. Teil davon sind Qualitätskriterien wie Spezifikationen, Dokumente und Anforderungen vor Beginn der Softwareentwicklung.
- Interne Qualität (internal quality)
  bezieht sich auf die Qualität der Software während der Entwicklungsphase, z. B. wie stark die Wiederverwendbarkeit einzelner Komponenten ist oder die Größe und Komplexität der einzelnen Methoden innerhalb des Quellcodes.

- Externe Qualität (external quality)
  wird verwendet um Qualität außerhalb des Entwicklerteams, z. B. die Testbarkeit oder Performance, messbar zu machen. Diese Qualitätskriterien beziehen sich allerdings auf Anforderungen, die bereits im Entwicklungsstadium gemessen werden können.
- Qualität in der Benutzung (quality in use)
  bezieht sich auf die Qualitätskriterien außerhalb des Entwicklungszyklus. Hier werden die Effekte einer Software, also Anforderungen, wie Usability, Effizienz und ökonomische Aspekte berücksichtigt.
  (vgl. [ISO01])

Diese Qualitätstypen beeinflussen sich nach [ISO01] gegenseitig, wie in Abbildung 4 gezeigt wird. Da die Prozessqualität sozusagen auf die Meta-Ebene der Softwareentwicklung definiert ist, wird diese in der Abbildung grau hinterlegt. Direkten Einfluss auf die Softwareentwicklung selbst und ihrer Qualität haben die interne und externe Qualität, sowie die Qualität in der Benutzung, die sich auf die spätere Wartungsarbeit in der Softwareentwicklung bezieht.

Die NFRs sind dabei in allen Qualitätstypen vorhanden. Diese nicht-funktionalen Eigenschaften machen einen Hauptteil bei der Qualität der Software aus. Um diese Charakteristiken zu klassifizieren und messbar zu machen gibt es nach Chung et al. einige Klassifikationsschemen (vgl. [CP09]). Hierzu zählen u.a. das NFR Framework, der „Software Quality Tree" und die KAOS Repräsentationssprache, der die Anforderungen

9

nicht nur klassifiziert, sondern auch gruppiert. Das NFR Framework und KAOS bieten zur Anforderungsanalyse eine zielgerichtete Darstellung an. Die NFRs werden dabei als sog. Softgoals behandelt (vgl. [CP09]).

3 Software Qualität & Non-functional Requirements

Dieses Kapitel behandelt Software Qualität mit den nichtfunktionalen Anforderungen, einem Teilaspekt des Requirements Engineering. Wie im vorherigen Kapitel bei den beiden Begriffserklärungen gesehen, ist jede Definition für sich genommen nicht vollständig. Aus diesem Grund müssen die Anforderungen mit der Qualität der Sofware kombiniert gesehen werden. Ansätze dafür bieten die Klassifizierungsschemen, wie der vorhin genannte Software Quality Tree und der Standard ISO/IEC 9126.

3.1 Klassifikationsschemas und Software-Qualitätsmodelle

In den Artikeln von Kitchenham und Pfleeger, sowie Chung und do Prado Leite werden die Qualitätskriterien gleichermaßen sowohl im Requirements Engineering als auch im Software Engineering aufgegriffen (vgl. [KP96, CP09]). Beide Autorenteams schreiben davon, dass nicht nur funktionale, sondern in Bezug auf Software-Qualität vor allem die nicht-funktionalen Eigenschaften eine große Rolle spielen. Während Chung und do Prado Leite die Repräsentationsschemata von NFRs ansprechen, gehen Kitchenham und Pfleeger vor allem auf die Sichtweisen der unterschiedlichen Akteure und die Kombination aus diesen Sichten ein. In beiden Artikeln werden die Zusammenhänge zwischen den einzelnen Repräsentationsschemas wie McCalls Qualitätsmodell, der Software Quality Tree und der ISO/IEC 9126 gezeigt.

Der Software Quality Tree dient zur Veranschaulichung der Anforderungen und Qualitätsmetriken, wie in Abbildung 5 gezeigt wird. Die Baumstruktur wird zur Verfeinerung von Qualitätskriterien verwendet. Dadurch können Schlüsselattribute für die Qualität leichter definiert und einfacher gemessen werden. Außerdem werden Abhängigkeiten zwischen den Attributen zur nächsthöheren Ebene dargestellt, so dass nicht zwangsläufig jedes Qualitätskriterium mit schon bereits definierten Attributen neu berechnet werden muss. Der Software Quality Tree ist eine Weiterführung des Qualitätsmodells nach McCall, das auch eine der Grundlagen des ISO/IEC 9126-Standards ist. Nach Kitchenham & Pfleeger definiert McCalls Modell die Software-Produkt Qualität als eine Hierarchie von Faktoren, Kriterien und Metriken. Die Pfeile dienen dabei zur Indikation welche Kriterien von den Faktoren beeinflusst werden (vgl. [KP96]).

Nach [KP96] können diese Charakteristiken durch Sub-Charakteristiken weiter verfeinert werden. Anschließend können nach [KP96] und [CP09] durch Definition von Indikatoren diese Charakteristiken und Sub-Charakteristiken messbar gemacht werden und Datenelemente zur Definition der Indikatoren definiert werden (vgl. [KP96, CP09]). Eine Klassifizierung der NFRs bieten wie eingangs erwähnt Modelle wie der Software Quality Tree und das Modell zum ISO/IEC-9126-Standard. Weitere Klassifizerungsmodelle sind

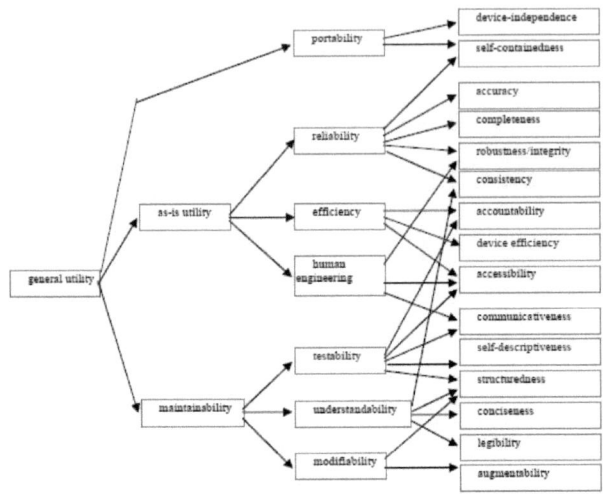

Abbildung 5: Software Quality Tree nach Chung und de Prado Leite (aus [CP09])

nach [CP09] das NFR Framework und die i*-Familie mit i*, Tropos und die Goal Requirements Language (GRL). Die Modelle der i*-Familie arbeiten mit dem Konzept von Softgoals des NFR Frameworks (vgl. [CP09]). Hier werden die NFRs als Ausrichtung einer Design-Entscheidung und eine Bedingung auf dem Weg zur Realisierung einer benötigten Funktionalität beschrieben (vgl. [CP09]).

Im Gegensatz zur i*-Familie sind in den anderen Modellen hauptsächlich die NFRs direkt zu Use Cases zugeordnet (vgl. [CP09]). Dabei werden hauptsächlich die „-ities" als Anforderungscharakteristiken verwendet. Diese sind allerdings auch nach [CP09] nicht immer vollständig und beziehen sich auch auf äußere Faktoren, wie Hardware oder Personen. Diese beiden Faktoren lassen sich kaum einheitlich messen. Eine weitere Anforderung, die zu den NFRs gehört ist die Performance, die ebenso von diesen äußeren Faktoren abhängig ist.

Nach [KP96] sind die unterschiedlichen Sichten der Akteure ebenfalls mit messbaren Ergebnissen hinterlegt. Ein Ansatz danach ist das Qualitätsmodell nach McCall. Dieses

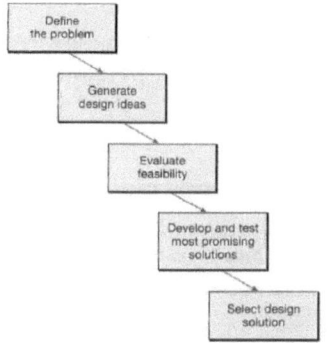

Abbildung 6: schematische Darstellung der Vorgehensweise im Value Engineering (aus [CY08])

Modell definiert die Qualität eines Softwareprodukts als eine Hierarchie von Faktoren, Kriterien und Metriken (vgl. [KP96]). Das Modell das durch den im vorherigen Kapitel textuell beschrieben ISO-9126-Standard definiert ist (vgl. (KP96]), hat eine große Ähnlichkeit zum Software Quality Tree und wird deshalb in dieser Arbeit nicht weiter beschrieben.

Trotz der Vorteile von Modellen und deren Lesbarkeit von verschiedenen Gruppen und Rollen gibt es auch den ein oder anderen Nachteil. Nach Kitchenham und Pfleeger sind diese ein Mangel an Argumentationen zur Festlegung welche Faktoren in der Qualitätsdefinition eingebunden werden und zur Entscheidung zu welchen Faktoren die Kriterien zugeordnet werden sollen (vgl. [KP96]).

Zusammenfassend heißt es in [KP96], dass Software nicht als einzelnes Teil, sondern in Verbindung mit dem System, in dem die Software eingebettet wird. Dort ist auch zu lesen, dass damit auch die Qualität mit dieser Verbindung gesteigert werden soll.

3.2 Qualitätsmodelle im Projektmanagement & Reifegradmodelle

Cadle und Yates zeigen in ihrem Werk [CY08] weitere Qualitätsverbesserungen. So werden beispielsweise das Value Engineering und dabei der sog. „Value Tree" als Verbesserungsmaßnahmen zur Qualität gezeigt. Weitere Maßnahmen sind die Reduktion von Risiken Vorschläge zum Risikomanagement gezeigt. Im Value Engineering werden die funktionalen Ziele eines Projekts mit minimalen Kosten und die Bedingungen aus Zeit, Qualität, Performance und Zuverlässigkeit als Input-Daten verwendet um Vorschläge für Lösungsstrategien zu einem Problem oder Anforderung zu erhalten. Ziel ist es, aus diesen Lösungen die für das Projekt optimale herauszufinden (vgl. [CY08]). Die Abbildung 6 zeigt den Value Engineering-Ansatz in einer schematischen Darstellung.

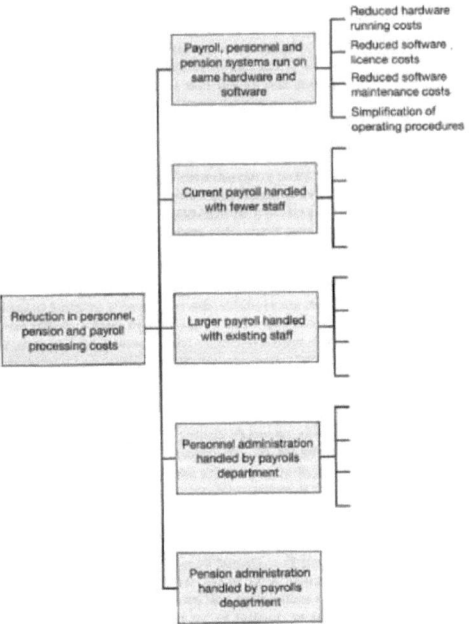

Abbildung 7: Value Tree aus dem Value Management nach Cadle und Yates (aus [CY08])

Der Value Tree wird mit den gleichen Input-Daten und Zielen, allerdings an einer früheren Phase, dem Value Management, verwendet. Weitere Unterschiede zeigen sich durch den iterativen Prozess und dass die Meinungen der Stakeholder berücksichtigt werden. Abbildung 7 zeigt ein Beispiel des „Value Tree" aus [CY08]. Wenn man die Abbildungen 4 und 7 vergleicht, so kann man feststellen, dass die beiden Bäume sich zwar inhaltlich unterscheiden, allerdings das gleiche Ziel, die Qualitätsverbesserung, verfolgen. Sowohl das Value Engineering, als auch das Value Management sollten von den Projektleitern, also der Management-Ebene eines Projekts, durchgeführt werden, da diese nicht von der Projekt-Art abhängen. So könnten die beiden Ansätze ebenso in der Hardwareentwicklung oder der Entwicklung von Computersystemen, die sowohl die Hardware- als auch die Softwareentwicklung einschließen, Verwendung finden.

Ein anderer Ansatz, um Software Qualität messbar zu machen sind die standardisierten Reifegrad-Modelle CMM und CMMI, die allerdings auf die Prozesse innerhalb eines Softwareentwicklungsteams abzielen, welche u. a. in [HO13] näher beschrieben sind. Zu diesen Modellen gehört auch der sog. Software Engineering Body of Knowledge (SWEBOK), der Projektmanagern eine Menge an Regeln und Überprüfungsmöglichkeiten zur Qualität bietet. Weitere Informationen über SWEBOK[3] bietet der Link in der Fußnote.

Die Schemas zur Klassifikation von NFRs und die am Anfang dieses Kapitels beschriebenen Qualitätsmodelle, bieten im Gegensatz zu den Reifegrad- und Value Management-Modellen eine größere Auswahl zur Messbarkeit der Qualität. Zur Definition von Anforderungen aus einer größeren Informationsquelle ist eine Beachtung aller genannten Modell-Arten nötig. Dies verschafft den Verantwortlichen im Projekt einen größeren Überblick über mögliche Qualitätskriterien und dadurch mehr messbarer Eigenschaften des späteren Software-Produkts.

4 Zusammenfassung & Ausblick

Der aktuelle Stand zeigt, dass es kaum möglich ist die Qualität von Software einheitlich definieren zu können. Um eine solche Definition als Standard einzubürgern, sollte sich, um nochmals den Artikel von Mayr aufzugreifen ([MA95]), ein Standesbewusstsein und vor allem Standesregeln in das Qualitätsbewusstsein integrieren. Das mag vielleicht ein bisschen weit hergeholt erscheinen, doch in vielen Fällen wird in den einzelnen Unternehmen Qualität und Qualitätssicherung ein wenig anders interpretiert.

Die Vereinheitlichung des Qualitätsbegriffs in Requirements & Software Engineering wäre hierzu ein erster Schritt. Man sollte nicht zwischen den Anforderungen und der konkreten Software unterscheiden, denn beides zusammengenommen bietet eine breite Basis für die Entwicklung von Softwaresystemen. Ein weiterer Schritt wäre eine einheitliche Benennung der Fachbegriffe, denn diese machen es für verschiedene Akteure nochmals schwieriger Qualitätsstandards einheitlich zu definieren. In diesen Bereichen können aktuelle und zukünftige Forschungsprojekte sowohl im Bereich der universitären Ausbildung, als auch in den einzelnen Wirtschaftszweigen als Anwendungsgebiete deutliche Fortschritte machen. In QuASE beispielsweise werden die Fachbegriffe für die einzelnen Stakeholder und Rollen übersetzt oder zumindest erklärt. Diesen und weitere ähnliche Ansätze sollte man in Zukunft weiter verfolgen um Qualitätsbewusstsein in der Softwareentwicklung nicht nur in der Theorie, sondern auch in der Praxis zu verankern.

Sicherlich gibt es vor allem im Bereich der Softwareentwicklung als Ingenieursdisziplin einiges zu arbeiten und forschen, aber wie Edsger W. Dijkstra 1972 in „the humble programmer" schrieb hatte die Software-Engineering-Branche bereits einen „turning point" erlebt. Ein weiterer würde wohl in die falsche Richtung zeigen und als Rückschritt betrachtet werden.

Zusammenfassend kann zum Begriff Qualität in dieser Branche gesagt werden, dass zwar trotz aller Kritik auch Verbesserungen im Software Engineering seit den 1960er-Jahren gemacht wurden. So gibt es mittlerweile einheitliche IEEE- und ISO-Standards, die global

---

[3] SWEBOK: http://www.computer.org/portal/web/swebok/htmlformat (IEEE Computer Society)

ihre Gültigkeit haben. Weitere positive Entwicklungen sind, dass es verschiedene Mechanismen einfacher machen, den Softwareentwicklungsprozess individuell zum Ziel zu führen.

Die nicht-funktionalen Charakteristiken lassen sich zwar nicht direkt, aber indirekt messen und vergleichen. So können zumindest ähnlich gelagerte Projekte vergleichbar gemacht werden. Doch muss in der Softwareentwicklung noch immer in Kategorien gedacht werden. Teilweise systemkritische Eigenschaften, wie Usability und Sicherheit lassen sich nicht über alle Softwaresysteme hinweg einheitlich vergleichen. Dem sollte, um die Qualität im Requirements & Software Engineering zu vereinheitlichen, entgegengewirkt werden.

Literaturverzeichnis

[BD04]   B. Brügge and A. H. Dutoit, „Objektorientierte Softwaretechnik", Deutsche Übersetzung, München (GER): Pearson Studium, 2004.

[CP09]   L. Chung and J. C. S. do Prado Leite, "On Non-Functional Requirements in Software Engineering", Mylopoulus Festschrift, LNCS 5600, p. 16, 2009.

[CY08]   J. Cadle and D. Yeates, "Project Management for Information Systems", 5th Edition ed.: Pearson/Prentice Hall, 2008.

[GA84]   D. A. Garvin, "What does product quality really mean?", Sloan Management Review, Fall 1984, pp. 25-43

[GL07]   M. Glinz, "On Non-Functional Requirements". In 15th IEEE International Requirements Engineering Conference (RE 2007), pp. 21-26 (2007)

[HO00]   H. F. Hofmann, "Requirements Engineering – A Situated Discovery Process", Wiesbaden (GER): Gabler & Deutscher Universitäts-Verlag, 2000.

[HO13]   D. W. Hoffmann, „Software-Qualität", 2nd Edition ed. Berlin, Heidelberg (GER): Springer, 2013.

[ISO01] ISO/IEC 9126-1:2001, "Information technology – Software product quality – Part 1: Quality Model". (2001) Available:
http://www.cse.unsw.edu.au/~cs3710/PMmaterials/Resources/9126-1%20Standard.pdf

[KP96]   B. Kitchenham and S. L. Pfleeger, "Software Quality: The elusive target", Software, IEEE, vol. 13, pp. 12 - 21, 1996.

[MA95]   H. C. Mayr, „Software Qualität: Nur eine Frage des Software Engineering?", in ISO 9000 - Softwareentwicklung ; Ethik, Analysen, Tools ; Beiträge vom adi QM/IT Expertentreffen 1994, ed. Münster [u.a.]: Norbert Ruppenthal, 1995, p. 49 ff.

[WA01]   E. Wallmüller, „Software-Qualitätsmanagement in der Praxis", München (GER): Carl Hanser, 2001.